FILOSOFIA PER TUTTI

Lezioni pratiche dai filosofi più importanti della storia per vincere le tue sfide quotidiane, superare qualsiasi ostacolo e raggiungere la felicità

VINCENZO COLOMBO

Tutti i diritti riservati.

Sommario

INTRODUZIONE — 8

CAPITOLO 2 — 14

2.1 Definizione di filosofia — 14

2.2 Caratteristiche della filosofia — 16

2.3 L'origine della filosofia, la nascita del termine e le definizioni date dai filosofi — 19

CAPITOLO 3 — 22

3.1 I filosofi principali dell'Antica Grecia — 22

3.2 Le grandi dottrine orientali — 35

CAPITOLO 4 — 40

4.1 La filosofia moderna (dall'Empirismo all'Ottocento) — 40

4.2 Filosofia contemporanea (dal Novecento ai giorni nostri) — 60

CAPITOLO 5 — 74

5.1 Metodi di accesso al sapere filosofico e testi filosofici utili — 74

CAPITOLO 6 — 88

6.1 L'utilità della filosofia nella vita di tutti i giorni — 88

CONCLUSIONI — 100

TI POTREBBE INTERESSARE ANCHE... — 104

Hai mai provato quella sensazione... come se avessi un peso sulle spalle? — 104

Hai bisogno di aiuto per affrontare lo stress, l'ansia e i sentimenti negativi? — 104

Introduzione

Nella società moderna è presente lo stereotipo della filosofia come disciplina inutile e di difficile comprensione. Una domanda comune che spesso ci poniamo è "A cosa serve la filosofia?".

Come afferma Aristotele, la filosofia pare non servire a niente perché svincolata da qualsiasi legame di servitù, ma proprio per questo concetto di libertà è la materia più "nobile".

La nostra cultura, invece, tende a valorizzare solo quei saperi che sono considerati "utili" e si pensa che le elucubrazioni mentali siano poco significative. Sicuramente risulterebbe molto più vantaggioso cimentarsi in lezioni di economia piuttosto che vagheggiare attorno a problemi di ordine metafisico o ontologico.

La nostra tendenza ad esaltare l'utilità delle cose è alquanto simile al modo di vedere il mondo delle civiltà pre-greche: gli Egizi, per esempio, si servivano della matematica come strumento per calcolare le entrate e le uscite e la geometria per misurare i confini degli appezzamenti di terreno.

Per comprendere a fondo le ragioni della "nobiltà" che Aristotele conferisce alla filosofia è fondamentale conoscere il suo sviluppo storico e il ruolo che ha avuto nella storia dell'umanità.

Questo libro si propone stimolare il pubblico allo studio della filosofia, che nella sua "inutilità" è in realtà utile perché ci permette sviluppare un pensiero critico riguardo le questioni essenziali che riguardano noi, gli altri e il mondo. Come sostiene il filosofo contemporaneo Jule Evans, la nostra capacità di "fare" filosofia è una delle cose che ci distingue dagli animali. Egli inoltre afferma che la filosofia è presente in tutto. Tutti abbiamo le nostre filosofie di vita che formano le basi delle nostre motivazioni e delle nostre azioni.

Ai tempi degli antichi Greci la filosofia era già considerata una disciplina essenziale per condurre una vita seguendo preconcetti morali giusti. Per questo motivo veniva insegnata non come semplice materia di studio, ma anche come mezzo per lo sviluppo di un pensiero indipendente critico, che potesse avere un'applicazione nella vita di tutti i giorni.

Ma al giorno d'oggi la filosofia è ancora così importante? Ebbene, la filosofia è importante ora più che mai, perché, in un mondo globalizzato e in cui i mass media manipolano le nostri menti, essa riconduce l'uomo con la parte più intima di sé, alla sua essenza, al suo "inner child", lo fa stupire del mondo che lo circonda, lo aiuta a sviluppare un pensiero creativo. Insomma, lo spinge ad essere *libero*.

Curiosità e meraviglia nei confronti del mondo circostante furono le motivazioni iniziali che indussero l'uomo a porsi interrogativi fondamentali sulla sua esistenza. Come afferma Aristotele, uno dei grandi capostipiti della filosofia antica, "Gli uomini hanno cominciato a filosofare a causa della meraviglia: mentre da principio restavano meravigliati di fronte alle difficoltà più semplici, in seguito, progredendo a poco a poco, giunsero a porsi problemi sempre maggiori riguardanti i fenomeni della luna e quelli del sole e degli altri astri, o i problemi riguardanti la generazione dell'intero universo." Secondo Aristotele, chiunque nutre un senso di dubbio e di meraviglia e stupore è, in un certo senso, filosofo.

Curiosità e meraviglia sono caratteristiche tipicamente associate ai bambini. A tal proposito, a livello europeo c'è chi si è attivato per portare alla conoscenza della filosofia anche gli studenti ai primi passi scolastici. In molte scuole elementari inglesi, infatti, è stata stabilita la filosofia come materia di insegnamento. L'introduzione di questa disciplina, secondo il rapporto pubblicato nel 2015 dalla Education Endowment Foundation, ha aiutato incredibilmente i bambini anche in altre materie, come la matematica e le lettere, oltre che nelle relazioni con gli altri. La filosofia è dunque molto importante anche per i bambini in quanto stimola la loro creatività e allarga le loro vedute.

La filosofia stimola l'uomo a fare chiarezza su vari concetti utilizzati e verificarne la coerenza con altre idee. Con idee (o concetti) s'intendono termini come "giustizia", "amore", "esistenza", "uguaglianza".

Questa disciplina in gioco ogni volta che si parla di etica, per capire se un concetto è giusto o sbagliato, ma anche di esistenza e identità. Farsi domande del tipo "Perché esisto?" "Chi sono?" "Qual è la mia funzione in questo mondo?" vuol dire mettere in gioco manovre concettuali proprie del sapere filosofico.

In quanto esseri pensanti, noi siamo nati per filosofare, è insito in ognuno di noi, e alimentare questa pratica è indispensabile, perchè ci mantiene desta la coscienza permettendoci di non essere schiavi del conformismo e della mentalità corrente.

Se non vi è bastata questa breve introduzione per capire l'importanza della filosofia, ecco alcune citazioni di grandi filosofi del passato:

"La filosofia appartiene ad ogni uomo e ogni uomo è potenzialmente filosofo. Configurandosi come analisi critica di se stessi e del mondo, come ricerca del senso delle cose, la filosofia è l'attività che rende la vita dell'uomo davvero degna di essere vissuta." – Socrate

"Una vita senza ricerca non è degna di essere vissuta." – Platone

"La meraviglia e lo stupore di fronte al mondo nutrono il filosofo che si configura, quindi, come uno scienziato che non mira a raggiungere qualche utilità pratica ma che è unicamente mosso dall'amore per la conoscenza"

Il secondo capitolo è un'introduzione alla filosofia. Parte con la sua definizione, ne spiega le origini e sue le sue caratteristiche principali.

Nel terzo capitolo vengono riportati i filosofi principali dell'Antica Grecia e i grandi pensatori delle dottrine orientali.

Il quarto capitolo è dedicato alla filosofia moderna e contemporanea.

Nel quinto capitolo vengono menzionati i metodi di accesso alla cultura filosofica a cui si può attingere ai giorni nostri e riportati alcuni testi famosi adatti sia a chi vuole rispolverare le sue vecchie conoscenze che a chi ne vuole formare di nuove.

Il sesto capitolo propone alcuni esempi di come la filosofia sia utile nella vita di tutti i giorni.

Buona lettura!

Capitolo 2

2.1 Definizione di filosofia

Non esiste una vera e propria definizione di filosofia, nonostante molti filosofi nei secoli hano provato a darne una. Quello che sappiamo per certo è che il termine "filosofia" deriva dal Greco φιλο, "filo", che significa "amore" e σοφία, "sofia", ovvero "sapienza". Si può dire, perciò, che la filosofia è legata all'amore per il sapere ed è l'attività che l'essere umano intraprende per scoprire importanti verità riguardo se stesso e il mondo che lo circonda.

Per gli studiosi di filosofia è importante il percorso per giungere alla conoscenza, e non la conoscenza stessa. È utilizzare la ragione per porsi domande, e non accettare la punti di vista convenzionali.

Interessante è il punto di vista dell'autore norvegese Jostein Gaarder, che afferma che il ragionamento filosofico ha in sé un qualcosa di infantile. Un bambino vede la realtà con stupore e si pone domande su tutto ciò che vede, mentre noi adulti tendiamo a considerare i fenomeni come qualcosa di scontato. Ogni volta che facciamo discorsi filosofici ci rimettiamo in contatto con il bambino che c'è in noi.

Molti studiosi la collocano a metà strada tra la scienza e la religione, in quanto cerca di dare una spiegazione a tutto, un po' come fa l'uomo religioso, ma mai soffermandosi a dottrine preimpostate. Quello che caratterizza il sapere filosofico è il non negarsi il piacere della ricerca. Nietzsche diceva che c'è molta differenza tra il mito e la filosofia, perchè il mito non ha domande, ma solo risposte, mentre la filosofia è un piacere riflessivo e agisce per astrazione.

Dunque, la filosofia non dà certezze, ma alimenta i nostri dubbi. Sicuramente un primo approccio con

la filosofia può essere destabilizzante, s'immagini di aprire un libro di filosofia e non capire propriamente il senso di tutti quei concetti apparentemente esposti senza un filo logico. Eppure, se ci si arma di pazienza e la si studia come un bambino che scopre il mondo, senza presunzione di sapere già tutto, ma con una grande curiosità e fame di sapere, si scopre che in realtà nel corso della storia della filosofia sono presenti quesiti e soluzioni che probabilmente ci siamo già chiesti.

2.2 Caratteristiche della filosofia

La filosofia è una **disciplina antichissima**, che parte dai grandi quesiti posti da discipline ancora più antiche come la poesia e la religione. Si parte dalla dimensione epica e mitica e si procede attraverso l'uso della ragione. Partendo da quesiti, quindi problemi, la filosofia è tipica di chi è attivo rispetto alla vita, è stupore di fronte al mondo.

In seconda battuta la filosofia è **ricerca**, è "viaggio", dal punto di vista mentale, e la ricerca è figlia della curiosità. È una ricerca razionale e soprattutto **continua**, che non ha mai fine. Socrate, prima di morire, ribadì: "una vita senza ricerca non è degna di essere vissuta" e invitò gli adulti a monitorare i propri figli affinchè si dedicassero alla ricerca e non si adagiassero alla vita materiale o alle glorie vane.

La filosofia è anche **criticità**, è possedere degli attrezzi per poter criticare, nel senso di esaminare, comprendere e valutare la realtà. La verità ultima probabilmente non esiste, e sicuramente ci sono delle falsità, in ambito scientifico, ma anche morale ed etico.

Essendo di natura critica e razionale, la filosofia si distingue dalle forme di sapere precedenti (e da quelle orientali) in quanto è un atto di libertà nei confronti della tradizione. Dunque la filosofia si distingue dal mito non perchè quest'ultimo sia irrazionale o privo di logica, ma perchè la verità del mito è "rivelata da Dio" e, come tale, non messa in discussione, mentre proprio del pensiero filosofico è prorio, come già anticipato, la ricerca e la messa in discussione.

L'**argomentazione** è anch'essa una caratteristica della filosofia. Cos'è l'argomentazione? È la deduzione di una verità rivacata con procedimenti logici e indiziari.

In ultima analisi una grande caratteristica della filosofia è il potere del **dialogo** e della **condivisione**. Quante volte ci siamo posti grandi quesiti sull'esistenza del mondo, sull'amore, sul senso della vita, sull'origine dell'universo, senza condividerli con nessuno? Schopenhauer, per esempio, è sempre stato etichettato come il pessimista per antonomasia. Eppure in lui troviamo grandi riflessioni che tutti noi abbiamo realizzato almeno una volta nella vita, come "la felicità esiste? E se esiste, come possiamo raggiungerla?"

Confrontare il nostro pensiero con gli altri, così come con i filosofi del passato, ci consente di mettere in discussion le nostre certezze, capire se quello che pensiamo noi lo pensano anche gli altri e, in caso contrario, per quale motive ci sono divergenze

Per quanto riguarda i quesiti di natura religiosa, troviamo ampie trattazioni nelle opera di Hegel, il quale vede Dio come la sintesi del processo dialettico insito nella realtà, in contrasto con Feuerbach, il quale afferma che Dio sia soltanto la proiezione di ciò che l'uomo vorrebbe essere.

Partendo da questo esempio si può intuire che, come già anticipato, la filosofia non è una sola risposta, ma **mille risposte**, non è sicurezza, ma incertezza.

Non è importante sapere, per esempio, in che anno è nato, Voltaire, ma è alteresì utile capire in che periodo può essere collocato, perchè il pensiero filosofico è sempre influenzato dal contesto storico. Lo stesso Voltaire, è legato al movimento culturale dell'Illuminismo, e dunque esalta il potere della ragione contro ogni forma di fanatismo (religioso) e superstizione.

Studiando filosofia quindi ci si rende conto che pensieri come quello di Aristotele, Platone, Epicuro, Hobbes, Nietzsche potrebbero avere molto in commune con i nostri.

2.3 L'origine della filosofia, la nascita del termine e le definizioni date dai filosofi

La filosofia non riguarda solo la ricerca delle risposte alle nostre domande, ma si ripropone anche di comprendere le dottrine proposte da studiosi del passato.

I primi filosofi non erano soddisfatti delle credenze convenzionali imposte dale religioni e dale credenze popolari, così si misero a cercare risposte che avessero base razionale. Allo stesso modo in cui noi condividiamo i nostri punti di vista con amici, colleghi e famiglia anche loro diffondevano le loro idee, creando anche "scuole", dove insegnavano non solo le loro teorie, ma anche il procedimento che li ha portati a formularle.

Si parla spesso di filosofie orientali, in realtà, secondo gli occidentalisti, esse non esistono in quanto tali, in quanto si tratta di acquisizioni tecniche, scientifiche e religiose che si svilupparono in Asia attorno al 1300 a.C., da cui derivò poi la filosofia greca, che ebbe i suoi albori nel VI secolo a.C. Esiste tuttora un conflitto tra i cosiddetti orientalisti, i quali sostengono che la filosofia sia nata in Oriente a causa degli stretti rapporti commerciali tra i Greci e le popolazioni orientali, e gli occidentalisti, che invece affermano che le origini della filosofia furono in Grecia perchè per via dell'assenza di un approccio razionale e analitico tipico della filosofia che caratterizzava le dottrine orientali.

Pitagora fu il primo filosofo ad utilizzare il termine "filosofia" con un significato specifico. Egli la paragonava alle feste di Olimpia, a cui molti partecipavano per affari, altri per divertirsi ed altri ancora soltanto per osservare chè che avveniva. Questi ultimi erano i "filosofi", i quali contemplavano in modo disinteressato gli avvenimenti, contrapponendosi all'affaccendamento dei loro concittadini.

Per Platone la filosofia è desiderio di sapere.

"Nessuno degli dèi filosofa, né desidera diventare sapiente, dal momento che lo è già. E chiunque altro sia sapiente non filosofa. Ma neppure gli ignoranti filosofano, né desiderano diventare sapienti. Infatti, l'ignoranza ha proprio questo di penoso: chi non è né bello, né buono, né saggio, ritiene invece di esserlo in modo adeguato. E, in effetti, chi non ritiene di essere bisognoso, non desidera ciò di cui non ritiene di aver bisogno". (Platone, *Simposio*).

Per Aristotele, la filosofia proviene dalla meraviglia dell'uomo per la realtà che lo circonda.

"Gli uomini hanno cominciato a filosofare, ora come all'inizio, a causa della meraviglia: mente da principio restavano meravigliati di fronte alle difficoltà più semplici, in seguito, progredendo a poco a poco, giunsero a porsi problemi sempre maggiori: per esempio, i problemi riguardanti i fenomeni della Luna o del Sole o quelli degli astri , o i problemi riguardanti la nascita dell'intero universo." (Aristotele, *Metafisica*)

Epicuro conferisce un grande potere alla filosofia, affermando che sia la medicina dell'anima, il farmaco per la felicità.

"Gli uomini hanno cominciato a filosofare, ora come all'inizio, a causa della meraviglia: mente da principio restavano meravigliati di fronte alle difficoltà più semplici, in seguito, progredendo a poco a poco, giunsero a porsi problemi sempre maggiori: per esempio, i problemi riguardanti i fenomeni della Luna o del Sole o quelli degli astri , o i problemi riguardanti la nascita dell'intero universo." (Epicuro, *Lettera a Meneceo*)

Capitolo 3

3.1 I filosofi principali dell'Antica Grecia

I filosofi greci affrontarono questioni di varia natura, ma a seconda dell'argomento principale di cui si occupavano possono essere raggruppati in cinque grandi categorie cronologiche: il periodo cosmologico, quello antropologico, quello ontologico, quello etico e quello religioso.

Periodo cosmologico – Fin dagli inizi della storia dell'uomo, ci si poneva delle domande riguardo l'origine del mondo, che inizialmente trovarono risposta nella religione, ma poi si cominciò a cercare risposte basate sulla ragione. Questo punto di svolta segnò la nascita della filosofia. In questo contesto, il lavoro del filosofo Pitagora fu di primaria importanza perchè unì la filosofia con la scienza, un legame che esiste tuttora. Infatti, egli non vedeva il mondo in termini di materiale primordiale, ma in termini matematici.

Al periodo cosmologico appartenevano i pre-socratici, fatta eccezione dei sofisti (questi ultimi spostarono il centro di riflessione filosofica verso l'uomo).

I pre-socratici si distinguono in molteplici scuole di pensiero:

Ionici di Mileto (Anassimandro, Anassimene, Talete);

Pitagorici (Pitagora e discepoli);

Eraclitei (Eraclito e discepoli);

Eleati (Parmenide e discepoli);

Fisici posteriori (Empedocle, Anassagora e Democrito)

Pitagora (VI-V sec. a.C.) – A lui si attribuisce la nascita della dottrina filosofica della Metafisica, che tenta di superare i fenomeni instabili, mutevoli e accidentali concentrando l'attenzione su una realtà eterna, immutabile, assoluta, per raggiungere le strutture fondamentali dell'essere. Per Pitagora il corpo costituisce la prigione dell'anima, e la vita terrena una punizione. Grazie alla pratica filosofica l'anima riesce ad elevarsi dal corpo.

La figura di Pitagora viene spesso collegata a quella di mago-poeta. Secondo alcune leggende egli aveva ereditato il suo sapere direttamente dal Dio Apollo. Da lui infatti proviene la locuzione Latina "ipse dixit" ("egli stesso lo ha detto"), con cui al giorno d'oggi si richiama l'autotità di qualcuno e allora usato nella scuola pitagorica (una delle scuole di pensiero più importanti dell'umanità fondata dallo stesso filosofo) per convalidare verità sostenute da Pitagora.

A Pitagora si attribuisce la nascita della matematica come scienza, quest'ultima considerata dallo stesso filosofo un prezioso strumento per purificarsi e condurre l'anima alla salvezza. Ai pitagorici si devono la formulazione di concetti cardine della matematica, come la linea, il punto, la superficie e l'angolo.

Tutte le scoperte matematiche dovevano avere un loro riscontro nella realtà.

Alla base dell'idea di armonia vi era il numero, considerato sostanza di ogni cosa e il mondo è un ordinamento geometrico esprimibile in numeri.

Caratteristica della scuola di Pitagora è il dualismo, che trova spiegazione nella divisione dei numeri pari e dispari, nel bene e nel male, maschio e femmina, retta e curva, quadrato e rettangolo.

I Pitagorici furono i primi a proporre la sfericità della Terra, basandosi su canoni estetici (infatti ritenevano la sfera la più perfetta tra le figure solide, essendo tutti i punti della sua circonferenza equidistanti dal centro). I Pitagorici riconobbero inoltre il movimento della Terra e di altri corpi celesti attorno ad un "fuoco" e la rotazione della Terra sul suo asse.

Pitagora è anche considerato il padre del vegetarianesimo e del pacifismo. Alla base dell'astensione da cibi carnei c'è la la credenza dello stretto legame col mondo animale, in quanto secondo la Metafisica dopo la porte l'anima di un uomo trasmigra in un altro corpo, che può essere di un animale o di un altro uomo.

Libri su Pitagora

Christoph Riedweg, *Pitagora - vita, dottrina e influenza*;

Alfonso Mele, *Pitagora filosofo e maestro di vita*.

Frasi celebri:

"Ogni cosa si adatta al numero"

"Finché gli uomini massacreranno gli animali, si uccideranno tra di loro. In verità, colui che semina il seme del dolore e della morte non può raccogliere amore e gioia"

Periodo antropologico – In questo periodo, detto "Illuminismo ellenico" la riflessione fondamentale verteva interamente sull'uomo. I primi che trattarono questo argomento furono i Sofisti, che diedero vita alla scuola filosofica e di formazione politica della Sofistica. Essi erano noti negativamente perchè si imponevano con i loro corsi a pagamento sulla retorica e della disputa, e ben presto l'accezione "sofista" iniziò ad indicare colui che si avvale della parola per difendere ad ogni costo la sua posizione.

Socrate (V- VI sec. a.C.) – Al periodo antropologico appartiene Socrate, considerato uno dei padri fondatori della filosofia moderna. L'importanza del pensiero socratico è dovuta non solo al nuovo ruolo assunto dall'uomo, già formulato dalla Sofistica, ma anche alla creazione e diffusione di un nuovo metodo d'indagine che incoraggia lo scambio di opinioni e l'interazione tra le parti coinvolte dialetticamente: il dialogo. Socrate non voleva lasciare niente per iscritto, essendo diffidente della cultura scritta. Se oggi sappiamo di lui è grazie alle testimonianze di chi lo ha conosciuto direttamente o indirettamente.

In comune coi sofisti ha l'accoglienza dei problemi legati all'uomo e alle sue potenzialità, ma non accetta le soluzioni che essi propongono. Infatti, il concetto di relativismo sofistico non è ben accolto da Socrate, il quale è alla ricerca di una verità assoluta. La conoscenza sensitiva accomuna l'uomo all'animale, mentre ciò che lo distingue dall'animale è la ragione, l'unico mezzo che gli permette di giungere a verità valide universalmente.

Secondo il filosofo il primo passo per il raggiungimento del sapere è l'introspezione, ossia la conoscenza di noi stessi. Segue il momento introspettivo il dialogo, come già anticipato la forma più alta del sapere socratico. Tramite il dialogo, Socrate sfrutta i vantaggi dell'apprendimento collettivo per aiutare l'allievo a liberarsi del falso tirando fuori tutto il positive che ha dentro. Quest'arte dialettica, chiamata anche maieutica ("arte della levatrice") si contrapponeva totalmente al metodo della retorica usato dai sofisti per convincere gli altri delle loro vedute. Dunque, il fine ultimo di Socrate non era quello di raccontare verità, ma quello di mettere l'allievo in condizione tale da proseguire in autonomia la propria ricerca.

Per Socrate la vera conoscenza consiste nell'essere consapevoli dei propri limiti: Da qui il suo famoso aforisma "La vera saggezza sta in colui che sa di non sapere! Perchè io so di sapere più di tem che pensi di sapere". Dunque non sapendo nulla si conoscono appieno i propri limiti e dunque si sa.

La grande pietra miliare del pensiero socratico è il concetto. Si tratta di un elemento insito nell'uomo, ma di cui egli ne ha trascurato la funzionalità. Per Socrate il concetto è alla base del costrutto scientifico, ed ha validità universale.

Un'altra differenza tra Socrate e i sofisti è la visione dell'azione umana: essa era dispiegata dai sofisti verso l'utilitarismo pratico, mentre Socrate affermava di filosofare per il semplice amore per il sapere.

Socrate fu ingiustamente condannato a morte da alcuni giovani esponenti del regime democratico ateniese, in quanto considerato ateo e corrotto, e morì ingerendo la velenosa cicuta.

Frasi celebri:

"La vera saggezza sta in colui che sa di non sapere! Perché io so di sapere più di te, che pensi di sapere"

"Più gente conosco, più apprezzo il mio cane"

"Esiste un solo bene, la conoscenza, e un solo male, l'ignoranza"

Libri su Socrate:

Francesco Adorno, *Introduzione a Socrate*;

Franco Ferrari, *Socrate tra personaggio e mito*;

Maria Michela Sassi, *Indagine su Socrate*.

Periodo ontologico – L'oggetto era l'essere e la realtà in generale e il rapporto dell'uomo con esse, e i filosofi principali sono Platone e Aristotele.

Platone (V-VI sec. a.C.) – Il filosofo visse durante il periodo di declino delle poleis, che lo portarono ad isolarsi dalla vita pubblica. Considerato il più importante discepolo di Socrate, la tristezza e il disgusto per la morte del suo maestro lo portarono a concentrare la sua vita sullo studio della filosofia. Egli fondò l'Accademia, una scuola filosofica che attrasse subito numerosi personaggi illustri, e scrisse moltissime opere, che erano per lo più sottoforma di dialoghi, con Socrate come protagonista. Tutto il sapere filosofico di Platone, per approfondire il concetto di scienza ed andare oltre il relativismo sofistico, sviluppa la teoria delle idee, entità immutabili risiedenti nell'iperuranio, realtà perfetta dalla quale discerne la realtà in cui viviamo, sua copia imperfetta.

Il filosofo identifica due diversi gradi di conoscenza: l'opinione e la scienza. L'opinione è un sapere imperfetto perchè si basa sulla realtà che percepiamo attraverso i cinque sensi. La scienza, invece, studia le idee, che come anticipato sono entità immutabili, e quindi è una verità assoluta che eleva l'uomo dalla realtà imperfetta in cui vive.

Fino a qui si è potuto notare un dualismo nella teoria platonica: l'iperuranio contrapposto al mondo sensibile delle cose, la scienza contrapposta all'opinione.

Vi è poi un duplice rapporto tra idee e cose: le idee rappresentano il criterio di giudizio delle cose. Per esempio, se vogliamo descrivere il concetto di uguaglianza tra due oggetti, dobbiamo partire dall'idea di disuguaglianza. Inoltre, le idee sono la causa delle cose, proprio perché, come già anticipato, le cose sono imitazioni (imperfette) delle idee.

Opere più importanti:

Apologia di Socrate

Frasi celebri:

"Possiamo perdonare un bambino quando ha paura del buio. La vera tragedia della vita è quando un uomo ha paura della luce"

"La musica è per l'anima quello che la ginnastica è per il corpo"

"La conoscenza che viene acquisita con l'obbligo non fa presa nella mente. Quindi non usate l'obbligo, ma lasciate che la prima educazione sia una sorta di divertimento; questo vi metterà maggiormente in grado di trovare l'inclinazionenaturale del bambino."

Aristotele (VI sec. a.C.) – Pupillo di Platone, aveva idee diametralmente opposte alle sue riguardo i quesiti filosofici fondamentali, probabilmente anche a causa del differente contesto storico in cui i due filosofi vissero. Infatti, Aristotele visse in un periodo in cui la Grecia era sotto dominio macedone, il quale l'aveva completamente sottomessa e corroso la libertà delle poleis. Il periodo in cui visse Platone, d'altro canto, seppure anch'esso drammatico, era caratterizzato da un barlume di speranza. Aristotele abbandonò l'Accademia, in quanto secondo lui si era arrestata alle idee del maestro Platone senza mai evolversi, e fondò una sua scuola, che prenderà il nome di "liceo".

Aristotele, come il suo, maestro, crede nell'esistenza di un mondo intelleggibile, ma crede anche che sia pienamente reale anche il mondo sensibile, spostando quindi l'attenzione del suo pensiero filosofico verso di esso.

Se per Platone al centro di tutto c'era l'idea, per il suo discepolo ad avere un ruolo centrale era la sostanza, che è principalmente tangibile, corporea. Per di più Aristotele affermava che il mondo delle idee non è in grado di dare una spiegazione al mondo fisico, come invece sosteneva Platone.

Secondo Aristotele, la più nobile delle scienze era la logica, in quanto si riproponeva di studiare le regole della conoscenza scientifica. La logica aristotelica si basava sulla teoria del sillogismo. Il sillogismo parte da alcune premesse ed arriva a una conclusione logica, per esempio:

Premesse:

"Tutti gli uomini sono immortali"

"Tutti i filosofi sono uomini"

Conclusione:

"Tutti gli uomini sono immortali"

Opere più importanti

Costituzione degli Ateniesi, Protreptico, Sulla filosofia, Problemi omerici, Didascalie.

Frasi celebri:

"Il saggio non dice tutto quello che pensa, ma pensa tutto quello che dice"

"Pensate come uomini saggi, ma parlate come la gente comune"

"Le persone oneste e intelligenti difficilmente fanno una rivoluzione, perchè sono sempre in minoranza"

Periodo etico – Il pensiero di quest'epoca aveva per oggetto la condotta dell'uomo e le principali correnti filosofiche sono quella degli stoici, degli epicurei e degli scettici.

Epicuro (VI-III sec. a.C.) – Per il filosofo la filosofia ha come fine ultimo il raggiungimento della felicità, la quale coincide con la liberazione dai desideri dalle passioni, dalle cose incerte e mutevoli. La conoscenza è utile perchè contribuisce alla felicità e all'equilibrio interiore, e non ha senso da sola.

Così come lo stoicismo, l'epicureismo abbandona la mera ricerca fine a se stessa per concentrarsi sull'interiorità dell'uomo. È dunque una dottrina di tipo individualistico.

Per Epicuro la filosofia libera l'uomo dai pregiudizi, dalle superstizioni gli uomini creano per paura degli dei e della morte, e lo conduce alla sapienza di sé e delle leggi della natura. In questo modo l'uomo può raggiungere la pace interiore che gli epicurei chiamano atarassia, lo scopo finale della ricerca speculativa.

Oltre all'etica, principi cardine del pensiero di Epicuro sono la canonica e la fisica. La prima è in buona sostanza la logica, ovvero la dottrina della conoscenza, quell ache stabilisce i criteri su cui si basa la verità.

Per quanto riguarda la seconda, Cartesio sostiene che tutto è corpo e la nascita e la morte sono parte di un processo di aggregazione e disgregazione di corpi più semplici, chiamati da Epicuro "atomi".

Il filosofo riconosce i vantaggi della vita politica, ma consiglia al saggio di non parteciparvi, perchè può generare turbamenti e ambizioni che ostacolano il raggiungimento della felicità.

Opere principali: *Lettera sulla felicità, Massime capitali*

Frasi celebri:

"Di tutte le cosec he la saggezza procura per ottenere un'esistenza felice, la più grande è l'amicizia."

"Non è tanto dell'aiuto degli amici che noi abbiamo bisogno, quanto della fiducia che essi ci aiuterebbero nel caso ne avessimo bisogno"

Periodo religioso – l'attenzione era rivolta sul ricongiungimento dell'uomo con Dio. A questo periodo appartengono i neoplatonici.

3.2 Le grandi dottrine orientali

Le culture orientali vengono spesso classificate come religioni, ma per esempio il Buddhismo e il Confucianesimo sono molto vicine al concetto di filosofia e si sono sviluppate nel periodo storico che coincide con la fioritura delle civiltà greca e romana.

Induismo (nata nel XVI sec. a.C.)

Può essere considerata più come un modo di pensare piuttosto che una religione, infatti è costituita da modelli etici e comportamentali. Secondo il pensiero induista il mondo che l'uomo percepisce è fittizio (Maya) ma in ogni uomo è presente una scintilla di Brahman, che rappresenta l'assoluto. Per ricongiungersi con il Brahman l'uomo deve liberarsi dalla legge del karma, che è il ciclo a cui è sottoposto ogni uomo, secondo cui la condizione in cui un individo accede alla vita successiva tramite la reincarnazione è determinate dalle azioni che ha compiuto nella vita precedente. Ad aiutarlo nel suo percorso di liberazione vi è la preghiera.

Buddhismo (VI sec. a.C.)

Fu fondato in India da Siddharta Gautama, che secondo la leggenda un giorno, mentre si fermò a meditare sotto a un fico, ricevette l'illuminazione e si trasformò in Buddha, il "risvegliato".

Alla base del Buddhismo c'è l'ammissione che nel mondo c'è dolore e che, quindi, bisogna scoprirne la causa per eliminarlo attraverso un metodo adeguato. Il nirvana, il più alto grado di quiete che si possa raggiungere e in cui si estinguono piacere e dolore, corrisponde all'esaurimento del karma accumulato nelle vite precedenti.

A differenza della maggior parte delle religioni, il Buddhismo è totalmente scevro di un Dio, e infatti gli uomini possono raggiungere il Nirvana tramite le loro forze.

Il Buddhismo si diffuse nei secoli successivi in Estremo Oriente, diventando una delle religioni principali della Cina, del Sud-est asiatico e si espanse, nel XIX secolo d.C., in Occidente.

Confucianesimo (VI sec. a.C.)

È considerata una delle religioni principali della Cina.

Il Confucianesimo aspira a creare un ordine dove possano fiorire i rapporti civili. Confucio, fondatore di tale religione, è un moralista, un saggio e un educatore: il suo insegnamento consiste nel tramandare valori di saggezza e virtù, in modo da formare uomini che siano a propria volta guide per il vivere moderato. Egli aspira alla creazione di un'armonia tra l'uomo e la natura ed è promotore di valori come bontà, dedizione, gentilezza e lealtà.

Taoismo (V sec. a.C.)

Fu fondato da Lao-Tzu ed è considerato una delle religioni principali della Cina oltre al Confucianesimo, del quale prese spunto i modelli utilizzati da questo. Ma mentre il Confucianesimo pone la salvezza individuale in un recupero dei valori di carità e giustizia dei santi imperatori, il Taoismo pretende di svincolare l'individuo dai valori imperiali vincolandoli al principio cosmico chiamato Tao.

Un concetto cardine del Taoismo è quello della mutazione di tutte le cose, sintetizzato dalla complementarietà di Yin e Yang, con il vi è uno sforzo di mantenere un equilibrio tra il bene e il male.

Capitolo 4

4.1 La filosofia moderna (dall'Empirismo all'Ottocento)

La filosofia moderna si fa convenzionalmente nascere con l'Umanesimo (XIV secolo circa) e vede il suo punto di arrivo con il filosofo Immanuel Kant (1724-1804) che segnerà gli albori del Romanticismo e della filosofia contemporanea.

Empirismo

L'empirismo è una corrente filosofica sviluppatasi in Inghilterra a metà del XVI secolo. Essa pone l'esperienza al di sopra di ogni altra conoscenza e si oppone al razionalismo, secondo il quale la filosofia deve basarsi sull'introspezione e sul ragionamento deduttivo a priori. Secondo l'Empirismo, invece, le nostre teorie devono basarsi sulla sperimentazione e non sull'intuizione. Gli esponenti principali dell'Empirismo inglese sono: Thomas Hobbes, David Hume e George Berkeley.

Thomas Hobbes (XVI- XVII sec. d.C.): una delle basi del pensiero del filosofo inglese è la negazione del sunto che esiste una naturale amicizia tra gli uomini. Egli sostiene invece che alla base della tendenza degli esseri umani ad associarsi ci sia un istinto di bisogno. Da questo pensiero Hobbes individua i seguenti assiomi: la bramosia naturale e la ragione naturale.

La bramosia naturale è quelle che spinge gli uomini ad accaparrarsi i beni necessari per la sopravvivenza in maniera egoistica. Tuttavia, l'insufficienza di questi beni porta l'uomo alla competizione e ad uno stato di incessante battaglia.

Secondo il secondo postulato, quello della ragione naturale, l'uomo fa di tutto per sfuggire alla guerra e alla morte violenta e va alla ricerca di una norma generale capace di regolare i rapporti tra i vari membri di un'organizzazione civile. La ragione, in questo contesto, ha un ruolo importante perché evita che gli individui arrivino all'autodistruzione, consigliandogli invece di agire in modo che la vita si conservi. Questo principio razionale è alla base di tutte le leggi naturali atte a sottrarre l'uomo dai suoi istinti ed elencate nella sua opera principale, il *Leviatano*.

Per Hobbes le leggi naturali non sono legate al concetto di divino e universale, bensì le definisce un risultato della ragione umana. Non sono vincolanti e assolute, ma "prudenziali", ossia la loro validità è determinata dallo scopo che si vuole raggiungere. L'unico modo per rendere queste leggi rispettate è la creazione di un'entità tanto potente da rendere sconsigliabile la violazione di tali leggi: lo Stato.

Il passaggio dello stato di natura, in cui il potere dell'uomo è illimitato, allo stato civile, in cui il potere è dato a una singola persona che regola il rispetto delle leggi, avviene tramite un contratto.

Opere più importanti: *Il Leviatano*, *De Cive*.

Frasi celebri

"Il valore di un uomo è, come per tutte le altre cose, il suo prezzo, cioè quanto si darebbe per l'uso del suo potere."

"Non imparare dai tuoi errori. Impara dagli errori degli altri così che tu non possa farne."

David Hume (XVIII sec. d.C): come tutti gli altri filosofi dell'epoca, fin da piccolo si interessa alla cultura classica e legge gli scritti di figure come Cicerone e Virgilio.

Hume pensa che molte filosofie fino ad allora universalmente conosciute siano di per sé fragili perché trattavano la natura umana in modo grossolano e su base astratta.

L'originalità del pensiero di Hume, invece, stava nel tentativo di applicare il metodo sperimentale allo studio della natura umana. Basandosi sull'osservazione e sul metodo scientifico, quindi, si sarebbero potuti studiare i meccanismi umani sotto più punti di vista (conoscitivo, morale, etico ecc.).

Questa visione empiristica è spinta dal filosofo ai suoi estremi, tanto da negare che siamo influenzati dalla ragione, ma più dalle nostre sensazioni e istinti, e che saremmo tutti più tranquilli e felici se non lo negassimo.

Prescindendo totalmente dal pensiero metafisico, Hume afferma che la nostra conoscenza deriva direttamente dalle nostre percezioni, le quali si possono dividere in impressioni e idee.

Le impressioni sono le percezioni che si presentano nel momento stesso in cui accadono, sono vivide e chiare.

Le idee, invece, sono le immagini un po' più sbiadite di impressioni che si presentano in un secondo momento.

Opere più importanti: *Trattato sulla natura umana, Ricerca sull'intelletto umano*

Frasi celebri:

"La bellezza non è una qualità delle cose stesse: essa esiste soltanto nella mente che le contempla ed ogni mente percepisce una diversa bellezza."

"Dio può evitare il male ma non vuole, e allora non è buono, oppure vorrebbe evitarlo ma non può, e allora non è onnipotente."

Razionalismo

È un orientamento di pensiero secondo il quale la realtà è interpretabile tramite l'introspezione e la ragione. I razionalisti credono che partendo da principi immutabili come gli assiomi della geometria, si possa arrivare, tramite il ragionamento deduttivo, ad ogni altro tipo di conoscenza.

I principali esponenti del razionalismo moderno sono: Cartesio, Francesco Bacone, Galileo Galilei, Leibniz, Spinoza.

Cartesio (XVI-XVII sec. d.C.)

Il filosofo si colloca nel periodo immediatamente successivo alla Rivoluzione Scientifica, di conseguenza il suo scopo primario è quello di formulare un metodo che sia applicabile in qualsiasi ambito sia per le conoscenze teoriche che pratiche.

Il metodo di Cartesio si articola in quattro passaggi.

Il primo passaggio è quello dell'evidenza: bisogna prendere per vero tutto quello che ci risulta evidente e rifiutare le speculazioni metafisiche, tipiche del periodo precedente alla Rivoluzione Scientifica

Al secondo posto c'è l'analisi: si prendono i problemi e li suddividiamo in problemi più piccoli.

Il terzo passaggio è la sintesi: si ordinano le conoscenze dalla più semplice alla più complessa.

Il quarto passaggio è la numerazione e la revisione dei passaggi per renderle il più complete possibile.

Cartesio giustifica il suo metodo chiedendosi, inizialmente "Che cosa è evidenza?". Dopodiché egli utilizza il dubbio metodico, ossia va a criticare tutte le conoscenze dell'uomo per giustificare il suo metodo. Per esempio, le conoscenze sensibili non sono così evidenti, perché i sensi ci possono ingannare. Se vediamo il sole lo percepiamo piccolo, ma in realtà non lo è.

Secondo questo metodo Cartesio arriva ad un punto in cui secondo lui non c'è più nulla di certo e arriva ad ipotizzare, con quello che chiama il "dubbio iperbolico", che ci sia un genio maligno, un'entità che ci inganna costantemente facendoci credere vero ciò che vero non è.

Cartesio riesce ad uscire da questo dubbio iperbolico e trova una conoscenza di cui non possiamo dubitare, ovvero il "cogito", ovvero il fatto che si esiste in quanto esseri dubitanti.

Opere più importanti:

Discorso sul metodo, Regole per la guida dell'intelligenza, Meditazioni metafisiche

Frasi celebri:

"Cogito ergo sum" (Penso, dunque esisto)

"La ragione non è nulla senza l'immaginazione"

Illuminismo

Il XVIII secolo è spesso definito come secolo della ragione, o dell'illuminazione, promotore dei valori dello spirito critico e della circolazione del sapere. Si sviluppa in particolar modo in Francia e in generale in tutta Europa.

I principali filosofi dell'Illuminismo sono: Voltaire, Montesquieu, Denis Diderot, Baptiste Le Rond D'Alembert, Cesare Beccaria, Giuseppe Parini.

Voltaire (XVII-XVIII sec. d.C.)

Voltaire ancor prima di un filosofo era un grande scrittore dell'epoca illuministica.

Tra i presupposti del pensiero illuministico di Voltaire c'è un tentativo da parte della ragione di superare qualsiasi tipo di dogma religioso e oppressione politica. Ciononostante il filosofo francese è convinto che Dio esiste, ma ha le tre seguenti caratteristiche: è l'architetto del mondo (quello che lo governa e organizza), non interviene sulla vita degli uomini (l'uomo possiede dunque il libero arbitrio), è un prodotto della ragione (è un Dio unificatore e che permette di superare i dissidi imposti dalla ragione).

Il filosofo si oppone nettamente all'ottimismo metafisico leibniziano, che vede il mondo in cui viviamo il "migliore dei mondi possibili", e che crede che il male sia parte di un piano divino che sfugge dalla comprensione umana. Egli invece è convinto che il male è qualcosa di tangibile e non bisogna lasciare le cose come sono accettando il male ma provare a renderlo più tollerabile.

Secondo Voltaire l'uomo apprende solo tramite i propri sensi ed è quindi necessario che accetti serenamente la sua condizione imperfetta. Essendo anche convinto che l'uomo non sia superiore alla natura e agli esseri viventi, è profondamente contrario alla vivisezione e simpatizzava per il vegetarismo.

Il filosofo francese è contro ad ogni tipo di fanatismo e ingiustizia sociale, sposando il principio della tolleranza, largamente discusso nella sua principale opera "Trattato sulla tolleranza" in cui, peraltro si scaglia aspramente contro il Cristianesimo.

Opere più importanti:

Trattato sulla tolleranza, Candide, o l'ottimismo, Dizionario filosofico

Frasi celebri:

"La religione esiste da quando il primo idiota ha incontrato il primo imbecille."

"Il dubbio non è piacevole, ma la certezza è ridicola. Soltanto gli imbecilli sono sicuri di ciò che dicono."

"La superstizione mette il mondo intero in fiamme, la filosofia le spegne."

Idealismo tedesco

Corrente filosofica che si sviluppò in Germania a cavallo tra il XVIII secolo e il XIX secolo e che tentò di andare al di là del razionalismo tipico dell'illuminismo per interpretare in non riduttiva quegli aspetti della cultura, come la religione e la tradizione, che erano stati ridimensionati in epoca illuministica.

I più celebri esponenti sono Johann Gottlieb Fichte, Friedrich Schelling e Georg Wilhelm Friedrich Hegel.

Immanuel Kant (XVIII-XIX sec. d.C.)

Kant è stato ritenuto un crocevia del pensiero occidentale, e c'è addirittura chi divide la filosofia in "prima" e "dopo" Kant.

Il filosofo tedesco simpatizza per i valori di libertà fraternità e uguaglianza promossi dalla Rivoluzione Francese, vista da lui come una svolta positiva nella storia dell'umanità. Le sue idee politiche sono espresse nella sua opera "Per la pace perpetua" in cui Kant sosteniene che si può creare una pace duratura, raggiungendo un equilibrio internazionale.

Kant fa della critica lo strumento chiave della sua filosofia. Come critica si intende una verifica dei limiti di validità del sapere, della morale e del giudizio: questi temi vengono affrontati dal filosofo nelle sue opere "Critica della ragion pura", "Critica della ragion pratica", "Critica del giudizio". Nella pima opera Kant si chiede quali siano la natura e i limiti della conoscenza umana. Si basa sulla domanda "Che cos'è il vero?". I presupposti sono la rivoluzione scientifica e il dibattito tra razionalisti ed empiristi. In questo contesto Kant prende una posizione intermedia, infatti non sostiene né che la conoscenza si basa solo su dati empirici ma nemmeno che si basa solo su dati a priori. Quello in cui si basa la scienza sono i "giudizi sintetici a priori", ossia asserzioni feconde (sintetiche, che danno un'informazione aggiuntiva) che non si fondano sull'esperienza ma su una base razionale. Questi sono gli unici giudizi universali e necessari e si contrappongono ai "giudizi sintetici a posteriori" (basati sull'esperienza, tipici degli empiristi) e i "giudizi analitici a priori" (basati su una base razionale ma non fecondi, tipici degli empiristi. La fisica e la matematica sono scienze vere e valide perché sono figlie dell'incontro tra esperienza sensibile e la struttura prioristica.

Il tema della seconda critica del filosofo tedesco è l'etica, in particolare quali siano i suoi fondamenti. La "ragion pratica" è quella ragione che guida le nostre azioni e in quest'opera il filosofo si pone le seguenti domande "Cos'è il giusto?" "Quand'è che l'uomo è morale?". La moralità non dipende dalle cose esterne, ma nasce all'interno dell'uomo, dall'imperativo categorico. Tutti gli uomini hanno la possibilità di essere giusti perché ognuno ha la possibilità di questo slancio morale

La terza critica Kantiana affronta il tema del giudizio riflettente, che non ha a che fare con la scienza ma con l'uomo che riflette sulla natura, e ha a che fare col sentimento. La domanda che sottostà alla critica del giudizio è "Che cos'è il bello?" "Qual è il fine ultimo della natura e delle cose?"

Il giudizio riflettente si divide in giudizio estetico e teleologico.

Opere più importanti:

Per la pace perpetua, Critica della ragion pura, Critica della ragion pratica, Critica del giudizio.

Frasi celebri:

"Il pazzo è un sognatore sveglio"

"Prima di valutare se una risposta è esatta si deve valutare se la domanda è corretta"

John Wilhelm Friedrich Hegel (XVIII-XIX sec. d.C.)

Il pensiero di Hegel ha esercitato un importante influsso sulla cultura della filosofia moderna.

Il punto di partenza del suo pensiero è il rapporto finito-infinito. Per Hegel il finito si risolve nell'infinito e l'infinito si autodetermina nel finito. La realtà è un organismo unitario che si determina nell'infinito e quest'ultimo è una sua manifestazioDne. C'è dunque un rapporto simbiotico tr le due entità. L'infinito è in continuo divenire, è un'attività spirituale, metafisica. Nel sistema filosofico hegeliano il finito e l'infinito coincidono. Il termine infinito trova altre espressioni, come lo Spirito, l'assoluto, Dio, la ragione.

Il secondo grande pilastro è il rapporto tra la realtà (Wirklichkeit) e la ragione. Simbolo di questo pensiero è l'aforisma "Ciò che è razionale è reale, e ciò che è reale è razionale" L'idea di ragione per Hegel è totalmente diversa dalla ragione soggettiva kantiana, è una ragione assoluta che però non rimane astratta ma è una ragione che si concretizza sempre nella realtà, che ontologicamente "è". Nella seconda parte dell'aforisma, la realtà è un prodotto della razonalità. La realtà è intesa in senso lato come tutto ciò che ci circonda, la realtà della vita, della natura, culturale, spirituale, storica, politica. Il concreto è il figlio della ragione e secondo il filosofo il compito della filosofia è quello di portare alla luce la natura razionale della realtà.

Opere più importanti:

Fenomenologia dello spirito, Enciclopedia delle scienze filosofiche in compendio

Frasi celebri:

"La storia del mondo non è altro che il progresso della consapevolezza di libertà"

"Ciò che è razionale è reale, e ciò che è reale è razionale"

"Possiamo essere liberi solo se tutti lo sono"

Materialismo

Corrente filosofica che compare attorno alla seconda metà del XVII secolo per indicare quelle filosofie che negano l'esistenza di sostanze spirituali e che quindi riconoscono solo sostanze corporee.

Appartenenti a questa corrente furono: Karl Marx, Friedrich Engels.

Karl Marx (XIX sec. d. C.)

All'inizio il filosofo si accostava molto ai valori della sinistra hegeliana, allontanandosi in un secondo momento per creare un sistema filosofico atto a rivoluzionare il mondo. Marx è il padre del materialismo storico, perché considera tutte le attività umane "sovrastrutture" dipendenti da una "struttura" centrale che è l'economia, la sola reale sostanza dei rapporti umani.

Secondo Marx la storia è un susseguirsi di lotte di classe tra "servi" e "padroni". Mentre in passato i borghesi riuscirono a dominare sulla nobiltà, nell'epoca moderna i servi sono i proletari i quali inevitabilmente riusciranno ad avere la meglio sui borghesi, tramite la rivoluzione e successiva fondazione di una dittatura "necessaria", per poi giungere ad una società senza classi. Tale stato economico-sociale è inscrivibile nella concezione di comunismo, che si distingue dal socialismo in quanto il primo mira ad ottenere l'appoggio delle classi operaie per rivoluzionare il sistema borghese capitalistico, mentre il secondo si rivolgeva alle classi "istruite".

Nel 1847 la Lega dei Comunisti commissiona a Marx ed Engels (un altro filosofo tedesco) la scrittura di un manifesto del loro movimento, così, nel 1848 viene pubblicato il Manifesto del Partito Comunista, uno degli scritti politici più influenti di tutti i tempi.

Opere:

Il Capitale, Manifesto del partito comunista, Per la critica dell'economia politica

Frasi celebri:

"Il comunismo non toglie a nessuno il potere di appropriarsi dei prodotti sociali; toglie soltanto il potere di soggiogare il lavoro altrui mediante questa appropriazione."

"I fenomeni storici accadono sempre due volte: la prima come tragedia, la seconda come farsa."

Pensatori solitari

Come pensatori solitari identifichiamo quelli che recuperano elementi da altre filosofie creandone una loro concezione filosofica originale.

Arthur Schopenhauer (XVIII-XIX sec. d.C.)

Secondo Schopenhauer il mondo può essere visto come volontà o come rappresentazione. La rappresentazione è una visione fittizia, è parvenza, illusione, è ciò che nella tradizione orientale prende il nome di "velo di Maya". L'unico principio che governa il mondo, invece, è la volontà, che è composta da energia e materia, e il suo scopo è l'autoconservazione.

La concezione del filosofo tedesco è caratterizzata da un forte pessimismo, molto prossima al pessimismo leopardiano, secondo cui tutti gli esseri viventi sono soggetti al dolore. Infatti, la volontà di vivere non può realizzarsi appieno in un essere finito come l'uomo, e ciò lo porta all'infelicità e sofferenza. La volontà non potrà mai soddisfare appieno se stessa, perché se lo facesse non avrebbe più senso nel mondo, e quindi quest'ultimo non esisterebbe più. Per Schopenhauer tutto soffre, ma in particolar modo l'uomo, perché ha più consapevolezza rispetto agli animali e la natura, e quindi ha più voglia di vivere.

Schopenhauer ritiene che uno stile di vita simile agli insegnamenti ascetici e che neghi la Volontà è l'unico modo per raggiungere la salvezza definitiva.

Opere più importanti:

Il mondo come volontà e rappresentazione, Sulla quadruplice radice del principio di ragion sufficiente

Frasi celebri:

"La vita e i sogni sono fogli di uno stesso libro. Leggerli in ordine è vivere, sfogliarli a caso è sognare."

"Non v'è rimedio per la nascita e la morte, salvo godersi l'intervallo."

Friedrich Nietzsche (XIX-XX sec. d.C.)

Nietzsche è il cantore della decadenza della filosofia occidentale e rifiuta i grandi sistemi filosofici così rigorosi e ordinati dei suoi predecessori, prediligendo testi più poetici e meno ordinati. Il pensiero di Nietzsche è molto complesso da analizzare tanto da rendere molteplici le sue linee interpretative.

Nella prima fase del suo pensiero filosofico egli celebra la vita e la sua accettazione ed è un grande discepolo del dio Dioniso, conosciuto nella cultura greca per essere il dio dell'ebbrezza, dei piaceri, della trasgressione e delle passioni del mondo, contrapponendosi ad Apollo, che invece incarna la razionalità.

Nella seconda fase Nietzsche si propone di liberare la mente degli uomini da un "errore" fondamentale, che è la metafisica, affermando che essa immagina una realtà fittizia dietro ai fenomeni, tanto da essere definito come il distruttore della metafisica moderna. L'attacco a questa disciplina filosofica si concretizza con la "morte di Dio". Dio per il filosofo tedesco è la personificazione di tutte quelle false certezze che l'uomo si è creato per dare un senso rassicurante al caos della vita. Con l'espressione "morte di Dio" il filosofo intende la fine di quelle certezze di cui si è avvalso l'uomo per anni. Non è un processo già compiuto, ma per ora solo un annuncio del cosiddetto "uomo folle" (il filosfo) per risvegliare l'umanità. La morte di dio apre le porte all'avvento del superuomo, il cui profeta è Zarathustra, come si può evincere leggendo il libro "così parlò Zarathustra". Il superuomo (Ubermensch) non è "l'uomo del futuro", e non corrisponde ad una figura umana precisa ma è un concetto filosofico legato all'idea di un uomo nuovo.

Con Nietzsche il Nichilismo diventata la categoria principale del suo filosofare, in quanto ha una visione pessimistica e distruttiva nei confronti di tutti i sistemi etici, le religioni e le filosofie occidentali, definiti da egli stratagemmi per inculcare finte sicurezze alla gente, la quale non riesce ad affrontare la vita nella sua fugacità e imprevedibilità.

La figura di Nietzsche è spesso stata collegata alla cultura nazista, per la sua visione elitaria dell'elevazione allo stato di superuomo. Egli infatti afferma che ci saranno individui superiori che si opporranno e domineranno i più inferiori.

Opere più importanti:

Così parlò Zarathustra, Al di là del bene e del male.

Frasi celebri:

"Sono troppo curioso, troppo problematico, troppo tracotante, perché possa piacermi una risposta grossolana. Dio è una risposta grossolana, una indelicatezza verso noi pensatori"

"In me l'ateismo non è né una conseguenza, né tanto meno un fatto nuovo: esso esiste in me per istinto. Sono troppo curioso, troppo incredulo, troppo insolente per accontentarmi di una risposta così grossolana. Dio è una risposta grossolana, un'indelicatezza verso noi pensatori: anzi, addirittura, non è altro che un grossolano divieto contro di noi: non dovete pensare!"

4.2 Filosofia contemporanea (dal Novecento ai giorni nostri)

Al giorno d'oggi esiste la concezione che la filosofia è si sia fermata ai tempi d'oro di Platone e Aristotele o, al massimo Kant ed Hegel. In realtà, la filosofia è di primaria importanza anche ai giorni nostri e la domanda sul suo ruolo nella nostra società irrompe con particolare veemenza in un mondo legato al consumo immediato, del "qui, ora e adesso", in cui non si ha tempo per soffermarsi e pensare. Secondo la filosofa

"Martina Ajò", la filosofia si è dovuta adattare ai ritmi moderni, attraverso un modo breve e diretto, ma non senza contenuto culturale, per fornire gli strumenti per risolvere le difficoltà, dalle più piccolo alle più grandi. Da questi presupposti nasce il libro "Smarrita l'anima?" di Paolo Perticali, utile se si vuole capire l'interpretazione della filosofia della realtà contemporanea.

Le personalità importanti della filosofia contemporanea si avvalgono ancora oggi di quelle complesse elucubrazioni formulate dai filosofi del passato, adattandole a temi moderni come le Guerre Mondiali, il concetto di razza, le recenti Rivoluzioni Industriali, il femminismo, la globalizzazione.

Nel XX secolo la filosofia si articola in numerose correnti, come il neokantismo, la psicoanalisi, l'esistenzialismo e il neospiritualismo. Spesso i pensatori più interessanti di quest'epoca non sono in primo luogo dei filosofi, ma dei psicologi, dei linguisti o degli antropologi, oppure si dedicano a più discipline. Il XX secolo, se pur un periodo storico breve, è stato molto significativo per la filosofia e ricco di talenti.

Jean-Paul Sartre (1905-1980)

Nato a Parigi nel 1905, è stato un filosofo, drammaturgo, scrittore e critico letterario, uno dei più importanti esponenti dell'esistenzialismo, corrente di pensiero nata in Germania agli inizi del secolo scorso e pone l'esistenza umana come al centro dell'attenzione, in contrapposizione ai principi filosofici totalizzanti ed assoluti come l'idealismo, il razionalismo e il positivismo.

Con Sartre l'esistenzialismo prende la forma di un "umanesimo ateo", nel quale ogni individuo è responsabile delle sue azioni.

Nel 1964 riceve il Premio Nobel per la letteratura che poi rifiuta, spiegando in seguito che il giudizio su un letterato è lecito darlo solo dopo la sua morte.

Il pensiero di Sartre è sempre influenzato da una tendenza politica orientata verso la sinistra internazionale e da giovane è un'icona della gioventù ribelle ed anticonformista del dopoguerra.

Opere più importanti: *L'Esistenzialismo è umanismo, La Nausea, A porte chiuse*

Citazioni famose:

"Se sei triste quando sei da solo, probabilmente sei in cattiva compagnia."

"Quando i ricchi si fanno la guerra tra loro, sono i poveri a morire."

Bertrand Russell (1872-1970)

Filosofo, logico e matimatico di grande spessore, Russel è conosciuto principalmente per la sua filantropia e le sue idee pacifiste, e per aver ottenuto il premio Nobel per la letteratura. Il suo pensiero filosofico s'ispira al razionalismo, l'antiteismo (assoluta opposizione alla fede in qualsiasi divinità) ed il neopositivismo, opponendosi quindi all'idealismo Hegeliano e alla metafisica.

Parlare di Bertrand Russel non è semplice perchè ha vissuto molto a lungo (98 anni), ha scritto più di un centinaio di libri e cambiava spesso pensiero filosofico. Durante la sua vita sostiene posizioni anticonformiste e spregiudicate che suscitano molte critiche tra i benpensanti. Nel 1950 ottiene il Premio Nobel per la letteratura come riconoscimento del suo impegno di scrittura e la difesa degli ideali umanitari.

Ad ogni modo, la parte fondamentale della sua filosofia è quella legata al logicismo, ovvero l'idea che la logica è l'unica cosa fondamentale nella matematica e tutto il resto deriva dalla logica.

Il programma logicista di Russell è in qualche modo antikantiano: mentre Kant crede che l'aritmetica sia una scienza sintetica a priori, e che richieda un appello all'empirico, Russell sostiene che fosse analitica e non richieda nessun appello ai sensi e al mondo esterno.

Opere più importanti: *I principi della matematica, L'introduzione alla filosofia matematica, Sintesi filosofica sulla letteratura.*

Citazioni famose:

"Il problema dell'umanità è che gli stupidi sono sempre sicurissimi, mentre gli intelligenti sono pieni di dubbi."

"L'equilibrio tranquillizza, ma la pazzia è molto più interessante."

Henri Bergson (1859-1941)

Henri Bergson è un filosofo difficilmente classificabile, senza un pensiero sistematico attribuibile a categorie fisse prestabilite. Bergson ha avuto una grande incidenza non solo in area francese e non solo in ambito filosofico, ma anche letterario.

Nel 1927 riceve il premio Nobel per la letteratura per le sue idee "ricche e feconde" e per la sua grande capacità in cui è riuscito a presentarle. La sua opera critica le tradizioni ottocentesche dello spiritualismo e del positivismo ed ebbe un profondo impatto nella psicologia, nell'arte, nella letteratura e nella teologia.

Nel suo primo scritto filosofico, il "Saggio sui dati immediati della coscienza", Bergson dà un ruolo di rilievo alla coscienza, capace per lui di comprendere la realtà nella sua totalità, laddove il positivismo vedeva solamente un mezzo per ordinare il quadro complessivo delle scienze. Questa sua posizione inserisce il filosofo nella corrente spiritualista, che insiste sul primato della coscienza sulla materia.

Nella sua opera più conosciuta e discussa, l' "Evoluzione creatrice" Bergson propone una nuova versione della teoria evoluzionistica. Il filosofo con quest'opera giunge alla conclusione che vi sia un principio unico applicabile all'intera realtà, superando il dualismo anima e corpo formulato nella "Saggio sui dati immediate della coscienza" e arrivando al monismo, ovvero la concezione che la realtà sia una sola.

Di conseguenza non ha più senso neanche parlare di due strumenti di conoscenza differenti, l'intelligenza e l'intuizione. Negando quindi l'esistenza della materialità la distinzione tra intelligenza e intuizione viene stravolta: queste due facoltà non indagano più due realtà diverse, ma in due modi diversi l'unica realtà esistente.

Opere principali: *L'evoluzione creatrice, Saggio sui dati immediati della coscienza*

Frasi celebri:

"Bisogna agire da uomo di pensiero e pensare da uomo d'azione"

"L'uomo dovrebbe mettere altrettanto ardore nel semplificare la sua vita quanto ce ne mette a complicarla."

In seguito sono stati riportati alcuni filosofi del XXI secolo che è importante conoscere.

Martha Nussbaum (nata nel 1947)

In un ambito filosofico che da sempre è stato dominato da figure maschili, spicca questa filosofa statunitense, insegnante all'Università di Chicago ed è appassionata di femminismo e diritti delle donne.

Il confront aperto con un'altra femminista di una diversa scuola di pensiero, Judith Butler, fece la storia e promosse la causa femminista verso nuovi traguardi

È una ferma sostenitrice degli studi umanistici i quali, secondo lei, hanno la capacità di creare cittadini più consapevoli ed elastici e può portarci verso una società liberale (con l'accezione americana del termine). La filosofa parte infatti da un attento studio della filosofia antica e attinge principalmente da Aristotele e gli stoici per arrivare ad una personale visione etica.

Libri più importanti: *Coltivare l'umanità, L'intelligenza delle emozioni, Diventare persone*

Frasi celebri:

"Ma la vita che non ha più fiducia in un altro essereumano e non forma più legami con la comunità politica non è più una forma di vitaumana."

Judith Butler (nata nel 1956)

Filosofa statunitense di origini ebraiche, si impone nel panorama filosofico occupandosi principalmente di femminismo e teoria di genere ed ha come finalità la definizione di identità sessuale alternative a quella della tradizione.

Ispirandosi ai grandi filosofi del passato come Spinoza, Freud, Hegel, Foucault, Adorno, Nietzsche, Arendt, Derrida e de Beauvoir, la Butler ha inciso un'importante svolta nella filosofia occidentale, propugnando l'attivismo e la pratica filosofica in ambito politico. Nel corso della sua vita è inoltre stata particolarmente attiva anche in movimenti contro la guerra e la globalizzazione, affrontando nelle sue opera discorsi che vanno dalle guerre in Iraq e Anfghanistan alle condizioni dei progionieri a Guantanamo.

Opere più importanti: *Gender trouble, Performative Acts, Gender Constitution*

Frasi celebri:

"La possibilità non è un lusso; è cruciale come il pane"

Slavoj Žižek (nato nel 1949)

Studioso di Marxismo, di idealismo tedesco e psicanalisi lacaniana, ha uno stile di scrittura leggero, accessibile, appassionato e divertente, nonostante il suo pensiero sia estremamente asistematico e di difficile sintesi. È diventato famoso per la sua abilità nell'affrontare sempre temi di grande atualità toccando sia la tradizione filosofica che la cultura popolare. La sua produzione scritta ha spaziato attraverso un grande numero di argomenti, come il fondamentlalismo, il populismo, la globalizzazione, la religione, I diritti umani, l'ecologia, il multiculturalismo, il cinema, l'opera. Si autodefinisce un radicale di sinistra e critico del modello economico e sociale neoliberista.

Nel suo nuovo libro "Virus: catastrofe e solidarietà" sulla grande pandemia del coronavirus, il filosofo slavo sostiene che dopo il distanziamento sociale del lockdown il legame con gli altri sarà rafforzato e che il sorgere del virus abbia amplificato alcune tendenze positive (come la solidarietà e il legame con la natura) e negative (come le teorie conspirazioniste paranoiche e le esplosioni di razzismo) preesistenti nella nostra società,

Opere più importanti: *Leggere Lacan. Guida perversa al vivere contemporaneo, Dal punto di vista comunista.*

Trentacinque interventi inattuali,, Virus: catatrofe e solidarietà.

Frasi celebri:

"Ciò che più profondamente "tiene unita" una comunità non è tanto l'identificazione con la legge che regola il quotidiano circuito della vita "normale", quanto l'identificazione con una specifica forma di trasgressione della legge, di sospensione della legge (in termini psicanalitici, con una forma speciale di godimento)"

Umberto Eco (1932-2016)

Filsofo, scrittore, semiologo, traduttore e accademico italiano di fama mondiale, anche solo per I suoi romanzi che sono diventati veri e propri classici della letteratura mondiale. Nonostante non abbia un pensiero filosofico definito, viene chiamato filosofo in quanto "amante del sapere" in ogni sua forma. è inoltre un grande appassionato della cultura medievale e di folosofi come San Tommaso d'Aquino.

Uno dei principi cardine del pensiero di Umberto Eco, che risente fortemente della dottrina di Luigi Pareyson, è quello che l'oggetto "si rivela sempre nella misura in cui il soggetto si esprime", il che significa che la verità non è univoca ma costituita da un infinito processo interpretative di oggetti. Questo concetto si estenderà anche alla semiotica, in particolare al segno. Secondo Umberto eco la correlazione tra il significante, ovvero la parola scritta o parlata, e il referente, ovvero la cosa reale a cui il segno si riferisce, è convenzionale e soffettiva, oerchè dipende da chi esprime la comparazione.

Opere più importanti: *Il nome della rosa, L'isola del giorno prima, Baudolino, Trattato di semiotica generale.*

Frasi celebri:
"I social media danno diritto di parola a legioni di imbecilli che prima parlavano solo al bar dopo un bicchiere di vino, senza danneggiare la collettività. Venivano subito messi a tacere, mentre ora hanno lo stesso diritto di parola di un Premio Nobel"

Noam Chomsky

È il filosofo vivente più famoso al mondo, ma è anche un linguista, scienziato cognitivista, accademico, saggista e teorico della comunicazione. È conosciuto come il teorico della grammatica generativa-trasformazionale, che ha dato un importante contributo alla linguistica teorica, ma anche per essere un grande attivista e per il suo impegno politico, di stampo socialista e in costante critica nei confronti della politica estera di alcuni Paesi occidentali in particular modo degli Stati Uniti. Aspre critiche sono rivolte anche al ruolo dei mass media nelle democrazie occidentali, definento l'informazione di massa come una "fabbrica del consenso", atto al controllo e alla manipolazione dell'opinione pubblica.

Opere più importanti: *La fabbrica del consenso, Chi sono i padroni del mondo, Le leggi del potere: Requiem per il sogno americano, Anarchia, Idee per l'umanità liberate*

Frasi celebri:

"Una variante del nostro tempo si chiama "minimizzazione dello Stato", e consise nel trasferimento del potere decisionale dalla sfera pubblica a qualche altra: "al popolo", come vuole la retorica del potere, o tirannie private, come avviene nel mondo reale"

"Spesso la gente sa benissimo come vanno le cose, eppure non si ribella... Non è il fatto di non sapere che impedisce una rivolta popolare. Non si ribella perché costa troppo. Chi prende l'iniziativa di cambiare l'ordine delle cose rischia di pagarlo carissimo... Questi sono motivi per non ribellarsi ben più profondi della propaganda."

Capitolo 5

5.1 Metodi di accesso al sapere filosofico e testi filosofici utili

Al giorno d'oggi accedere alla conoscenza risulta molto più semplice, grazie al mondo dell'online.

Alcuni tra i siti tramite I quali si può accedere alla filosofia sono:

Filosofia.it

È il sito italiano per eccellenza dedicato alla filosofia ed un ottimo punto di riferimento per gli appassionati. Al suo interno sono presenti sezioni sulla vita e le opera dei filosofi.

EMSF (Enciclopedia multimediale delle scienze filosofiche)

È una raccola di interviste-lezione di esperti di filosofia, ma anche psicologia, sociologia, fisica, cosmologia, biologia, medicina, provenienti da svariati Paesi e i cui video e testi sono stati tradotti in italiano.

Giornale di filosofia

Periodico on-line in cui si possono trovare articoli, interviste, saggi e raccolte di materiale in format pdf e tanto altro ancora.

Internet Encyclopedia of Philosophy

Opera interamente in lingua inglese contenente sezioni su singoli filosofi e argomenti filosofici. I contenuti sono curati da esperti in materia e ordinati alfabeticamente.

Se si vuole coltivare il sapere in modo più approfondito si possono frequentare corsi online per espandere la comprensione di idee come la morale, la scienza e la realtà, o anche per prepararsi a corsi universitari. A tal proposito, siti in italiano o in inglese in cui si possono trovare corsi di filosofia possono essere: Academiccourses.it, Emagister.it, Lifelearning.it, Openculture.com, Udemy.com. Nei siti appena menzionati sono presenti corsi interamente gratuiti, altri a pagamento, e altri ancora parzialmente gratuiti (possono richiedere un pagamento per l'ottenimento dell'attestato di partecipazione).

Sicuramente l'idea migliore per i principianti è quella di avvicinarsi alla materia tramite la ricerca online o la lettura di libri di didattica, per ottenere un'infarinatura generale su che cos'è la filosofia, quali sono i più grandi filosofi del presente e del passato e i principali argomenti filosofici.

In seguito vengono riportati alcuni dei più famosi testi introduttivi alla filosofia.

Finalmente ho capito la filosofia (Marina Visentin)

Questa lettura molto semplice è concepita apposta per chi si ritrova spaesato di fronte ai grandi temi della filosofia e tema di comprenderli con difficoltà. Martina Visentin ripercorre l'evoluzione della filosofia occidentale dall'Antichità al Novecento, rendendo accessibili a tutti anche i sistemi di pensiero più intricati e complessi.

Il mondo di Sofia (Jostein Gaarder)

È una sorta di romanzo del mistero che al suo interno presenta anche un piccolo trattato sulla storia della filosofia. La protagonista è una bambina destinatario di lettere anonime che chiaramente non erano destinate a lei, e che contenevano lezioni di filosofia. Intraprende così un viaggio attraverso secoli di filosofia, partendo dai miti e arrivando all'esistenzialismo e alla filosofia New Age, passando per Aristotele, Platone, Hegel e Marx. Questo libro è perfetto anche per persone che sono alle prime armi con la filosofia, per lo stile semplice con cui lo scrittore affronta temi sui quali si sono soffermati una grande quantità di volume ermetici incomprensibili.

Il primo libro di filosofia (Nigel Warburton)

In sette brevi capitoli lo scrittore tratta di un grande numero di temi canonici della filosofia, come l'esistenza di Dio, il concetto di giustizia, lo scetticismo, la democrazia, il liberalismo, l'uguaglianza, l'arte, senza dare troppa importanza ai riferimenti storici. Con uno stile chiaro e diretto tipico della saggistica anglosassone, Warburton vuole dare un'infarinatura generale sulla filosofia a chi è alle prime armi con la materia.

I problemi della filosofia (Bertrand Russell)

Questo libro presenta un'esposizione sintetica ma efficate delle questioni fondamentali affrontate dai filosofi occidentali, come il libero arbitrio, l'origine del mondo, il rapporto tra corpo e mente e così via.

Lo scrittore, come anticipa nella prefazione, non affronta tutti i problemi filosofici, ma solo quelli di cui pensa poter fornire un aiuto costruttivo.

Filosofia for dummies (Maurizio Pancaldi, Maurizio Villani)

Questo libro è una trattazione divulgativa, sui problemi che nel corso della storia sono stati oggetto della riflessione dei filosofi occidentali come la metafisica, l'ontologia, il nichilismo, il platonismo, analizzati nel loro sviluppo cronologico.

Storia della filosofia (Luciano De Crescenzo)

Attraverso il suo stile leggero e la sua personalità amabile e ironica, Luciano de Crescenzo accompagna il pubblico attraverso i grandi temi del pensiero filosofico percorrendo millenni di storia e soffermandosi sulla vita pubblica e privata dei pensatori delineandone il contenuto delle loro principali intuizioni.

La filosofia dai Greci al nostro tempo (Emanuele Severino)

Un altro testo interessante per avere una buona interpretazione della società moderna partendo dallo studio dei filosofi greci e delle loro idee.

Dopo essersi fatti una panoramica generale sulla materia ci si può addentrare nel pensiero dei maggiori esponenti dei pensieri filosofici che hanno caratterizzato la storia dell'umanità, come Socrate, Platone, Aristotele.

Quello appena descritto è un approccio che va dal generale al particolare ed è utile se si vogliono capire a fondo i problemi esposti dai filosofi nei loro saggi. Il contrario, ovvero partire dalla lettura di, per esempio "Candido ovvero l'ottimismo" di Voltaire senza sapere nulla di filosofia e dunque senza contestualizzare il pensiero del filosofo, non permetterebbe di avere gli strumenti necessari per comprendere a fondo il suo pensiero sulla realtà e la sua satira contro le teorie ottimistiche di stampo metafisico sulla vita umana.

In seguito vengono riportati alcuni tra scritti filosofici di maggiore rilievo.

Lettera sulla felicità (Epicuro)

Epicuro è uno dei più importanti filosofi dell'antica Grecia nonchè il maggior esponente del periodo etico. "Lettera sulla felicità è suo scritto di maggiore rilievo ed è un'opera di natura epistolare avente come destinatario Meneceo. In questa lettera il filosofo parla della felicità, uno stato d'anima di natura positiva di chi ritiene che i suoi desideri siano soddisfatti. Fin dai tempi più antichi la ricerca della felicità è un tema molto ricorrente e secondo Epicuro solo chi vive secondo ragione può raggiungerla, dunque la strada migliore è quella della filosofia.

Oltre al tema della felicità, in questo scritto Epicuro si sofferma anche su altri argomenti, come la paura della morte, la classificazione dei piaceri e la natura degli dei.

Simposio (Platone)

È il più noto tra i dialoghi di Platone e al centro di esso c'è il concetto di retorica, inteso come arma vincente per la conquista del potere.

In particolare, il testo si differenza dalle altre opera del filosofo in quanto nom rappresenta un vero e proprio dialogo, ma si articola nelle varie parti di un agone oratorio (tipico luogo di adunanza nell'Antica Grecia), nel quale vari esponenti della classe intellettuale teniese espongono la loro teoria su Eros (Amore).

L'opera è interessante se si vogliono analizzare da vicino tematiche come il consenso e il raggiungimento del potere.

Trattato sulla tolleranza (Voltaire)

Per chi è alle prime armi e vuole variare i temi, potrebbe essere interessante leggere questo libro che parla di filosofia politica. Durante il periodo filosofico dell'Illuminismo, infatti, uno dei quesiti principali erano la natura della politica e i diritti dell'uomo. In questo libro Voltaire rivisita temi già portati alla luce da John Locke legandoli al contesto francese dell'epoca. Invita alla tolleranza, alla libertà di credo e al rispetto delle opinioni, alcuni dei principi con cui oggi identifichiamo una società come civile.

Apologia di Socrate (Platone)

Come già anticipato nel capitolo precedente, Socrate non scrisse nulla perché era favorevole alla promulgazione del sapere attraverso il dialogo. Il suo pensiero lo conosciamo grazie a testimonianze dei suoi discepoli e conoscenti. Una delle fonti principali dalle quali si può discernere il suo pensiero è questo testo scritto dal suo discepolo principale, Platone, il quale riporta l'arringa in cui il suo maestro tentò di difendersi dall'accusa di corruzione ed eresia. Con questa arringa Socrate riporta i principi fondamentali della sua filosofia.

L'opera evidenzia in maniera drammatica quel conflitto tra politica e filosofia che farà da principio cardine al pensiero successivo di Platone e che lo porterà a vedere nel concetto di Repubblica la forma di governo ideale, rigorosamente governata dalla saggezza dei filosofi.

Critica della ragion pura (Immanuel Kant)

Come già anticipato nella sezione del capitolo precedente riguardante Kant, questa è l'opera maggiormente nota di Immanuel Kant. A dispetto di quello che si può pensare leggendo il titolo, la critica Kantiana non ha un'accezione negativa e non sta ad indicare un'invettiva contro la ragion pura. Per Kant l'obbiettivo della critica è quello di stabilire i limiti della conoscenza, è stabilire cosa possiamo conoscere concertezza. Per critica della ragion pura s'intende un'indagine approfondita degli elementi trascendentali della conoscenza, al fine di stabilire l'esistenza o meno della metafisica come scienza. L'opera intende dimostrare la possibilità dei giudizi sintetici a priori, ovvero rispondere alla domanda "come è possibile la scienza", dato che opera per mezzo di simili guidizi.

Così parlò Zarathustra (Friedrich Nietzsche)

Opera principale della fase di maturità filosofica di Nietzsche, tratta di temi come l'eterno ritorno, la parabola della morte di Dio, l'avvento del superuomo. Il libro è considerato un denso ed esoterico trattato di filosofia e morale e tratta della discesa dalla montagna del profeta del superuomo, Zarathustra, per portare l'insegnamento all'umanità, aprendo le porte ad una nuova epoca in cui l'uomo è lontano dai falsi valori impost dallo spirit apollineo e dall'antica filosofia di Socrate.

Al di là del bene e del male (Friedrich Nietzsche)

È uno dei testi fondamentali della filosofia dell' '800. Qui il filosofo attacca quella che lui definiva la vacuità morale dei pensatori del suo secolo e la loro mancanza di senso critico, ripercorrendo i temi fondamentali della terza fase della filosofia di Nietzsche e può essere considerate come una spiegazione più diretta dei temi già trattati in maniera più immaginifica e metaforica in "Così parlò Zarathustra".

Fare e disfare il genere (Judith Butler)

Judith Butler è una delle filosofe più famose per quanto riguarda gli studi di genere, un tema filosofico e sociale molto acceso nel XXI secolo. Il libro costituisce una riflessione su questo tema che rappresenta il caposaldo del femminismo.

Il cigno nero (Nassim Nicholas Taleb)

Questo saggio attraversa varie materie, come la filosofia, la matematica, l'epistemologia e l'economia. L'idea alla base è che le nostre previsioni sono spesso messe alla prova da contingenze rare e imprevedibili che scombinano il naturale flusso delle cose. Ogni nostra "regola" che abbiamo in mente è un cigno bianco finchè non incontra una contingenza che la disillude, ovvero il cigno nero. Taleb fa l'esempio del tacchino che si abitua all'idea di essere nutrito dal contadino tanto da farne una regola, che verrà disillusa il giorno in cui verrà sgozzato per essere servitor come pietanza alla Festa del Ringraziamento. A partire da quest'idea il libro affronta l'argomento degli eventi imprevedibili e della tendenza dell'essere umano a spiegarli retrospettivamente, sottolineando la nostra incapacità di leggere il futuro.

Dopo la finitudine (Quentin Meillassoux)

L'autore di questo libro è un importante esponente del realismo speculativo, corrente filosofica nata agli inizi del XXI secolo con il tentative di recuperare la fiducia in una realtà assoluta a seguito dell'influenza del relativismo moderno. Nel libro Meillassoux giunge alla conclusione che esiste almeno una certezza, che è quella che non vi sia nulla di certo.

Introduzione alla verità (Franca D'Agostini)

Con una modestia passata spesso inosservata in filosofia, Franca D'Agostini in questo libro porta alla luce, con una scrittura semplice e lineare, le complesse evoluzioni di un tema filosofico molto importante: la verità. Nonostante usi un'impostazione molto analitica, la chiarezza della scrittrice rende il testo accessibile e privo della retorica roboante tipica dello stile filosofico.

Iperoggetti (Timothy Morton)

È uno dei testi rappresentanti la corrente filosofica chiamata Object Oriented Ontology (OOO), branca del realismo che ha tra I suoi esponenti principali l'autore di questo libro. L'idea alla base dell'OOO è il concetto di "egalitarismo ontologico", che si oppone al primato del punto di vista dell'uomo sulle relazioni tra le cose stesse. Per esempio, mi è lecito descrivere le relazioni tra me e un oggetto, ma non posso in alcun modo attingere alle relazioni tra questo oggetto e un altro.

L'analisi di Morton è chiara e lo stile molto scorrevole, pieno di spunti multidisciplinari, come il riscaldamento globale. Quest ultimo, come altre entità aventi un'estensione spazio-temporale tale da renderle impermeabile allo sguardo, viene definito dallo scrittore come iperoggetto.

Dialoghi (Confucio)

I Dialoghi sono una raccolta di pensieri, considerate tra le opere più rappresentative del pensiero di Confucio e aventi tuttora una grande influenza sulla cultura cinese e in generale dell'Asia orientale. Costituenti un pilastro fondamentale nel dibattito filosofico e politico della Cina, i Dialoghi si concentrano sull'uomo e la sua condizione e contengono insegnamenti impartiti a discepoli che vengono indotti all'esercizio del pensiero.

L'arte di essere felici (Arthur Schopenhauer)

In uno degli scritti dell'età matura di Schopenhauer è presente l'arte di essere felici. Il filosofo ha radunato in un manualetto suddiviso in cinquanta massime, un flusso di pensieri maturato nel corso del tempo e che insegnano a vivere, nel modo più felice possibile, una vita la cui felicità è frutto di una mera illusione mentre la sofferenza è reale, si annuncia da sé senza passare per l'illusione e l'attesa. Con la schiettezza e la lucidità che lo caratterizzano, Schopenhauer conclude che la vera felicità non esiste e che "vivere felici" si riduce a vivere il meno infelici possibile.

Capitolo 6

6.1 L'utilità della filosofia nella vita di tutti i giorni

L'"inutilità" della filosofia, anticipata nell'introduzione, è riferita al fatto che non ti insegna a costruire case o a trovare la teoria sui buchi neri, o comunque questioni particolari che interessano qualcuni in qualche momento della vita, ma ma ti aiuta a riflettere su questioni fondamentali che interessano tutti gli uomini in tutti i tempi. Lo studio della filosofia può portare davvero a dei risultati pratici. Prima di tutto, essendo il pensiero filosofico una continua ricerca se non ci avvaloriamo di esso rischiamo di assolutizzare il presente e dare per vero tutti i luoghi comuni e le scoperte che si ritengono veri nella nostra società e che screditano le scoperte del passato.

La filosofia quindi può dare dei risultati pratici che possono essere applicati nella vita di tutti i giorni e in questo capitolo ne esamineremo alcuni.

Prima di tutto la filosofia, com'è già stato più volte anticipato, non dà mere risposte ma aiuta a porsi domande. Le nostre esperienze di vita, così come il nostro studio, ci insegnano che il nostro modo di percepire la realtà è totalmente diverso da quello di chiunque altro. Per fare un esempio banale, se uno psicologo e un letterato devono analizzare il racconto di una persona riguardo i libri che ha letto, alla fine della discussione lo psicologo avrà colto degli aspetti della personalità del lettore che il letterato avrà tralasciato, mentre quest'ultimo avrà percepito delle informazioni sui suoi gusti letterari e altri dettagli che non venivano esplicitamente detti. Tutto questo per dire che in base a ciò che conosciamo riusciamo a carpire concetti della realtà e a farli nostri, mentre altri inevitabilmente ci sfuggono. La filosofia ci permette di "appropriarci" di alcuni concetti e riflessioni espressi da altre persone e a farli nostri, così da rendere più fruttifera e significativa la conversazione con gli altri di quanto non lo fosse prima.

Un'altra cosa che la filosofia ci insegna è che il conflitto e la differenza di prospettive non è un segno di debolezza, ma qualcosa che può aiutarci a rafforzare le nostre idee. Non a caso le maggiori idee del passato non sono nate da pensatori isolati, ma sono rielabolazioni di idee di pensatori passati.

Il fatto di studiare le idee di pensatori passati ci mette di fronte a spunti di riflessione sui problemi che si ripetono ogni giorno. Si scava nella storia di ogni istituzione pubblica si possono scoprire degli ideali filosofici, o risposte a particolari idee errate dei loro tempi che tendono a ripetersi in (quasi) ogni tempo. Si impara dunque a non farsi abbindolare da alcuni ideali politici perché si conosce già l'ide di fondo che li smuove. Per esempio, in una società con idee contrastanti riguardo la pena di morte, il saggio "Dei delitti e delle pene" di Cesare Beccaria crea importanti spunti di riflessione riguardanti questo importante concetto. Secondo il filosofo la pena di morte è di per sé sbagliata perché contraria al diritto naturale in quanto il bene della vita è indisponibile. Inoltre non è l' "intensione" (ovvero l'intensità) della pena ad avere un valore preventivo sulla pena stessa, ma piuttosto l'estensione (la durata nel tempo), poiché "la nostra sensibilità è più facilmente e stabilmente mossa da minime ma replicate impressioni che dà un forte ma passeggero movimento". Se si è contrari alla pena di morte, avvalersi dei concetti formulati dal filosofo milanese può aiutarci a supportare la nostra idea, ad arricchirla, a darle un fondamento e, magari, può invitare anche gli altri a riflettere.

Anche le filosofie orientali (anche se per alcuni considerate religioni) hanno un'applicazione pratica nella realtà e al giorno d'oggi sono molto diffuse nel mondo occidentale non solo come filosofie ma come veri e propri stili di vita. Questo avvicinamento degli occidentali alla cultura ancestrale dell'antico oriente costituisce un grande aiuto perché questi popoli conservano tuttora l'essenza della spiritualità e della pace interiore che nel mondo occidentale andiamo sempre più perdendo. Generalmente, uno dei motivi per i quali la gente s'interessa agli studi orientali è l'autoconoscenza e la ricerca del senso della vita.

La meditazione, pratica tipica delle culture orientali, può avere scopo filosofico in quanto meditare significa tornate ad uno stato di stupore e meraviglia nei confronti del mondo e dell'esistenza. Chi pensa di avere la verità in tasca non ha bisogno di meditare.

Le tecniche di meditazione e il "non pensare" ci invita a collegarci con noi stessi, sentire la nostra essenza libera dai condizionamenti della mente, dalla dimensione spazio-tempo. La meditazione oggigiorno è diventata una pratica molto comune e recenti studi hanno dimostrato che importanti benefici sono il miglioramento della concentrazione, della memoria, il controllo di stati d'animo come lo stress e l'ansia, ma anche la conservazione del sistema immunitario e la riduzione di molte malattie.

Anche filosofie apparentemente negative possono esserci di grande aiuto nella vita di tutti i giorni. Un esempio è la filosofia "distruttrice per eccellenza", il nichilismo. Nell'immaginario collettivo persone nichiliste vengono viste come negative, disfattiste, che vogliono radere al suolo qualsiasi convinzione su cui l'esistenza fa leva. Eppure, ai giorni nostri in tanti hanno trovato nel nichilismo la salvezza in un mondo che ci impone di sentirci invincibili, onnipotenti. La scrittrice Wendy Syfret, per esempio, afferma "Da quando ho scoperto che non valgo niente, sento la mia vita più preziosa". La scrittrice si sentiva spesso sopraffatta da aspettative troppo elevate che le causavano stress, poi ad un certo punto si è chiesta: "Che cosa importa? Un giorno saremo tutti morti e nessuno mi ricorderà". Da quel momento sostiene di percepire un senso di leggerezza interiore che aveva perso da tempo.

La filosofia ci aiuta anche nella crescita personale. Mentre la società moderna è quella del delirio di onnipotenza, in cui "tutti possono tutto" e in cui il troppo è ormai diventato una regola, secondo il filosofo tedesco Carl Jung esistono quattro funzioni psicologiche di base, alcune delle quali hanno un'enfasi particolare in ogni individuo. Per esempio, se una persona è riflessiva, significa che le funzoni del sentire e del pensare sono predominanti su quelle dell'intuire e del percepire. La teoria delle funzioni psicologiche di Jung ti permette di individuare con facilità i tuoi punti di forza e i tuoi limiti, aiutandoti di conseguenza nel tuo percorso di crescita personale.

La filosofia antica ha un ruolo molto importante per esempio per il nostro benessere. Albert Ellis e Aaron Beck hanno preso ispirazione per l'invenzione della terapia CBT (psicoterapia cognitivo-comportamentale), dalla filosofia degli Antichi Greci, in particolare dalle idee della filosofia stoica, Socrate e gli Epicurei. Gli antichi Greci credevano che la filosofia fosse la medicina dell'anima. Le nostre emozioni sono strettamente collegate con le nostre opinioni e credenze. Epitteto affermava che quello che creava sofferenza nell'uomo non erano gli eventi in sé, ma la sua *opinione* riguardo gli eventi. Quella saggezza che il pensiero filosofico sviluppa è molto utile perché fornisce dei mezzi per controllare le emozioni. Quando ci rendiamo conto che le nostre emozioni sono strettamente collegate alle nostre opinioni e interpretazioni possiamo farci domande riguardo alle nostre credenze utilizzando il metodo Socratico, chiedendoci per esempio "perché sto reagendo in modo così debole a questa situazione?" "Qual è la mia opinione sottostante la mia reazione emotiva?" Inoltre, secondo lo Stoicismo non possiamo controllare quello che ci capita, ma solo come reagire a ciò. Quindi, focalizzarsi su ciò di cui abbiamo il controllo e accettare ciò che non possiamo controllare può essere una buona idea terapeutica.

Gli stoici ci insegnano che esistono cose che dipendono da noi ed altre che invece non sono in nostro potere e, come afferma il professore di filosofia Massimo Pigliucci bisogna "convogliare i nostri sforzi sulle prime senza sprecare tempo con le seconde." Secondo i risultati dell'esperimento sociale "Settimana stoica", organizzato da un gruppo di ricerca dell'Università di Exeter, nel Regno Unito, pare proprio che questa filosofia di vita funzioni. Lo stesso professore ha affermato che "Dopo sette giorni tra i partecipanti sono stati osservati un aumento del 9 per cento delle emozioni positive, una diminuzione dell'11 per cento di quelle negative e un incremento del 14 per cento di del livello di soddisfazione generale".

Secondo lo scrittore Alain de Botton i filosofi, nella loro continua ricerca della saggezza, hanno sviluppato una serie di competenze che li hanno aiutati ad affrontare la loro vita e, di conseguenza, a vivere meglio.

Chi non è saggio è perché non si pone molte domande, magari perché le reputano pretenziosi rompicapi. In realtà queste domande sono molto importanti perché solo trovando risposte valide possiamo indirizzare le nostre energie verso qualcosa che abbia senso.

Molte volte non siamo molto bravi a capire cosa ci passa per la testa: per esempio ci sta antipatico qualcuno ma non ne capiamo il motivo e spesso perdiamo la calma senza stabilire le ragioni. Questo è perché non riusciamo a guardarci dentro ed analizzare la nostra mente. La filosofia in questo senso ci può aiutare in quanto persegue la conoscenza di sé e il suo precetto principale, come ci insegna Socrate, il primo e più grande dei filosofi, è "conosci te stesso".

Spesso abbiamo le idee un po' offuscate su ciò che ci rende felici. Sopravvalutiamo alcune cose che influiscono sulla nostra vita e ne sottovalutiamo altre. Per esempio pensiamo che una macchina costosa o un lavoro di prestigio come ingegnere o avvocato possano renderci felici. In realtà spesso confondiamo la felicità data dalle cose frivole da quella reale, interiore, soggettiva e facciamo scelte sbagliate, nel senso poco coerenti con la nostra personalità e i nostri gusti. La filosofia insegna a trovare le attività e i comportamenti che ci aiutano a vivere meglio e a perseguire la vera felicità, che è soggettiva.

Spesso ci facciamo prendere dal panico e perdiamo la visione d'insieme. I filosofi sono abili nel mettere sull'ago della bilancia ciò che è realmente importante e ciò che lo è meno o non lo è per niente. Zenone, filosofo presocratico della Magna Grecia, quando perse tutti i suoi averi a causa di un naufragio, affermò: "il fato mi costringe ad essere un filosofo meno appesantito". Citazioni come questa hanno reso il termine filosofia sinonimo di saggezza, calma, lungimiranza, acutezza.

Anche dedicare una parte della vita agli studi filosofici può essere fruttifero, nonostante ci sia purtroppo ancora la credenza che la facoltà di Filosofia "non porta a nulla".

Chi ha in mente di iscriversi alla facoltà di filosofia può essere scoraggiato dal luogo comune della facoltà "senza sbocchi". Purtroppo dati statistici hanno rivelato che in Italia la situazione è effettivamente più scoraggiante rispetto ad altri Paesi, come per esempio il Regno Unito, dove una ricerca di Forbes ha effettivamente dimostrato che lì i laureati in filosofia trovano immediatamente lavoro nella maggior parte dei casi.

A dispetto di quello che si può pensare, gli sbocchi professionali per i laureati in filosofia al giorno d'oggi sono tanti: si può perseguire una carriera accademica, tentare la scalata nell'editoria e nel giornalismo, nel marketing, lavorare nelle risorse umane in un'azienda.

Con l'avvento dei Big Data e della Quarta Rivoluzione Industriale il robot sostituirà sempre di più l'uomo e la creatività, lo spirito critico, la capacità di astrazione, l'intelligenza emozionale, doti che un robot non può aquisire, diventeranno sempre più preziosi, e, secondo un'analisi di ManagerItalia, lo studio della filosofia porta a competenze che saranno sempre più utili nei lavori futuri.

Al giorno d'oggi la filosofia è diventato utile da sentire l'esigenza di farne una professione, la consulenza filosofica, fondata dal filosofo tedesco Gerd Achenbach, insoddisfatto della "filosofia accademica" considerata chiusa nella speculazione e lontana da ogni contatto con la società.

La consulenza filosofica nasce in Germania e si diffonde poi in tutto il mondo. In questa professione il filosofo si mette a disposizione di coloro che devono affrontare dei problemi che non sanno come approcciare e sentono l'esigenza di una maggiore comprensione di quello che stanno vivendo. Questi problemi possono essere di natura relazionale, affettiva, etica, esistenziale, professionale. Si svolge sottoforma di dialogo e non si prefigge lo scopo di trovare una soluzione ad un problema, ma di rendere più articolata e profonda la visione del consultante.

La consulenza filosofica è spesso associata erroneamente alla psicoterapia. In realtà l'approccio del consumente filosofico è molto diverso da quello dello psicoloco o psicoterapeuta. Prima di tutto il consultante è un cliente e non un paziente, e non ha per forza problemi di natura psichica, ma semplicemente ha bisogni di aiuto ad affrontare problemi più o meno importanti scoprendo le sue reali motivazioni e risorse. In secondo luogo, la psicoterapia si prefigge di trovare la soluzione ad un problema, a differenza della consulenza filosofica che, come già anticipato, approfondisce la visione del consultante sviscerando il problema per poterlo analizzare sotto una nuova luce.

L'idea alla base della consulenza filosofica è che ognuno di noi ha una visione differente del mondo che dipende dalle nostre scelte, atteggiamenti e comportamenti. Consulente e consultante sono alla pari e lo scambio di idee tra di essi è bidirezionale.

Per chi fosse interessato a capire meglio quest'attività, "La consulenza filosofica" di Achenbach (pubblicata in Germania nel 1986) è una raccolta dei primi contributi dello scrittore in questo campo.

Questi sono solo alcuni spunti dell'importanza e dell'utilità della filosofia ai giorni nostri. Ora tocca a voi a mettervi in gioco, a scoprire il pensiero dei grandi filosofi del passato, a vivere la vita lontana dalla superficialità e dal terrore e a tornare ad avere la meraviglia tipica di un bambino alla scoperta del mondo.

Conclusioni

Lo scopo di questo testo è quello di stimolare la curiosità nei confronti della filosofia, in un mondo pieno di distrazioni che ci aliena dalla nostra vera natura, quella di essere prima di tutto esseri pensanti.

È difficile avere dei pensieri unici ed originali, perché per la maggior parte siamo il risultato delle nostre esperienze col mondo che ci circonda, soprattutto al giorno d'oggi con le tecniche di manipolazione messe in piedi dai mass media e dai politici, atte a giostrare gradualmente la nostra attenzione secondo meccanismi psicologici e a distoglierla da temi ritenuti "scomodi".

Una parte divulgativa riguardo la storia della filosofia è stata necessaria per dare un'overview dei problemi affrontati dai filosofi passati, al fine di stimolare il ragionamento e mostrare che molti quesiti filosofici sono perdurati nel tempo e le loro interpretazioni adattate al contesto dell'epoca.

Inoltre alcuni testi fondamentali sono stati presentati, adatti a chi è alle prime armi con la filosofia (testi introduttivi alla filosofia) o per chi vuole raffinare le proprie conoscienze (saggi sui pensieri di filosofi), insieme ai mezzi con cui al giorno d'oggi si può accedere alla filosofia, come siti internet divulgativi, e corsi online.

Attraverso esempi pratici i capitoli precedenti hanno dimostrato come la filosofia, nonostante considerata "inutile", sia una disciplina vitale soprattutto ai giorni nostri e ci aiuta nella vita di tutti i giorni, nella comprensione di noi stessi e degli altri, nel fare chiarezza sulla nostra vita, nel prendere decisioni adatte a quello che siamo.

Anche intraprendere studi accademici di carattere filosofico acquisterà sempre più rilievo, perchè con l'avvento **della Quarta Rivoluzione Industriale e dell'intelligenza artificiale, molte mansioni che oggi necessitano di competenze** umane verranno rimpiazzate dai robot, mentre questi ultimi non potranno mai acquisire creatività, spirito critico, capacità di astrazione, intelligenza emozionale, e altre caratteristiche che un professionista in ambito umanistico e soprattutto filosofico avrà avuto modo di maturare.

Ti potrebbe interessare anche...

<u>RESILIENZA: Una guida completa, pratica ed efficace per combattere lo stress, controllare le tue emozioni e vivere serenamente</u>

Hai mai provato quella sensazione... come se avessi un peso sulle spalle?

Hai bisogno di aiuto per affrontare lo stress, l'ansia e i sentimenti negativi?

Forse non te ne sei ancora accorto... ma ciò di cui hai bisogno è una qualità chiamata Resilienza.

La resilienza ha una connessione diretta con la psiche umana ed è parte di noi senza che nemmeno ce ne accorgiamo. È quella dote di cui abbiamo bisogno ogni giorno per crescere una famiglia, lavorare insieme ad altri, affrontare lo stress, i problemi di salute, le divergenze, il dolore o semplicemente i momenti di difficoltà.

Questo libro è il manuale pratico sulla resilienza che i tuoi genitori avrebbero dovuto farti leggere sin dall'infanzia. Durante la lettura imparerai come affrontare i pensieri negativi passo dopo passo, in modo da poter vivere una vita più felice e appagante. Con consigli pratici e strategie efficaci, riuscirai a costruire una disciplina di ferro, distruggere le cattive abitudini e vivere finalmente con serenità.

Questa guida contiene 2 libri di Vincenzo Colombo:

- Autodisciplina: L'arte e la scienza della Disciplina: come sviluppare autocontrollo, resistere alle tentazioni e raggiungere tutti i tuoi obiettivi

- Abitudini Positive: Come prendere il controllo della tua vita, impostare degli obiettivi e raggiungerli... anche se ora ti sembra impossibile

Ecco un assaggio di ciò che scoprirai all'interno:

- Che cos'è la resilienza... e perchè tutti ne parlano?

- Come scoprire i tuoi punti di forza

- Come costruire una disciplina d'acciaio, anche se ti consideri un "procrastinatore"

- Come eliminare le cattive abitudini dalla tua vita

- Come annientare le energie negative che portano a insonnia, esaurimento e affaticamento surrenale

- Come far funzionare esattamente le tue emozioni per te, e non contro di te! *(questo è davvero importante)*

- Come affrontare le sfide quotidiane nel modo giusto e superarle con facilità

- E molto altro ancora!

Questo libro ti offrirà gli strumenti per affrontare le sfide della vita con meno ansia, più ottimismo, autostima, calma e concentrazione.

Non perdere tempo e segui i consigli di questo manuale, ti renderai subito conto dei cambiamenti positivi nella tua vita.

Inquadra questo codice QR con la fotocamera del tuo smartphone per saperne di più! (si aprirà la pagina prodotto su Amazon.it)

www.ingramcontent.com/pod-product-compliance
Lightning Source LLC
Chambersburg PA
CBHW030912080526
44589CB00010B/273